AF279031

LE CENTENAIRE

DES

ETATS DE PROVENCE

DISCOURS

PRONONCÉ

PAR MONSEIGNEUR

L'ARCHEVÊQUE D'AIX

12 MAI

(François-Xavier Gouthe-Soulard)

ACHILLE MAKAIRE, IMPRIMEUR DE L'ARCHEVÊCHÉ
2, rue Thiers, 2

1889

DISCOURS

DE MONSEIGNEUR

L'ARCHEVÊQUE D'AIX

LE CENTENAIRE

DES

ETATS DE PROVENCE

DISCOURS

PRONONCÉ

PAR MONSEIGNEUR

L'ARCHEVÊQUE D'AIX

12 MAI

AIX

ACHILLE MAKAIRE, IMPRIMEUR DE L'ARCHEVÊCHÉ

2, rue Thiers, 2

1889

Mes Chers Amis,

Je dois commencer par quelques mots sur le Centenaire des Etats de Provence; sans une explication claire et nette, plusieurs d'entre vous pourraient ne pas comprendre l'imposante solennité de ce moment, dans notre vieille Métropole, et les réunions d'hier et d'aujourd'hui dans un autre local. Je parle surtout pour ceux qui n'ont pu y assister. C'est l'auditoire spécial auquel je m'adresse.

Il y a juste cent ans, un besoin de légitimes réformes était dans les vœux de tout le peuple français : Le roi Louis XVI, un prince qui n'eut jamais son égal, par la droiture des intentions et par l'amour sincère de son peuple, marchait à la tête de ce mouvement. Pour bien connaître les désirs de la Nation, il résolut de consulter le pays, et fit un appel loyal et honnête au suffrage universel, en convoquant les trois Ordres, le Clergé, la Noblesse, le Tiers-Etat, qui composaient la France tout entière.

Alors elle était divisée, non en départements, mais en provinces : on disait la province du Languedoc, la province du Dauphiné, la province de Provence. Pendant cette année 1789, les Etats provinciaux se réunirent, qui dans une ville, qui dans une autre, et délibérèrent en toute liberté et indépendance : leurs délibérations furent consignées dans des registres, appelés Cahiers, pour être envoyées aux Etats-Généraux, comme qui dirait aujourd'hui à l'Assemblée Nationale : les Etats-Généraux s'assemblèrent à Versailles le 5 mai : il y a un siècle et quelques jours : tous les députés se rendirent à l'église Saint-Louis, au chant du *Veni Creator*, marchant à la suite du Saint-Sacrement porté par Monseigneur de Juigné, archevêque de Paris : le roi Louis XVI, la reine Marie-Antoinette, les princes et les princesses du sang, les héritiers des plus grands noms, les restes de cette vieille féodalité dont la dernière heure avait sonné, donnaient l'exemple, et venaient s'incliner devant Celui qui seul est grand et ne finit jamais : tous entendirent la messe du Saint-Esprit.

Messieurs, vous faites comme l'illustre Assemblée : hier vous êtes venus assister à la messe de *Requiem* pour les innombrables victimes de nos malheureuses discordes civiles : aujourd'hui dimanche, en remplissant un devoir essentiel de tout catholique, vous êtes là pour demander à Dieu de bénir vos travaux, et d'en faire sortir la gloire et le bonheur de nos compatriotes.

Les justes réclamations du peuple français furent donc librement exposées, étudiées, délibérées, et ses représentants s'engagèrent à porter remède aux maux dont tout le monde se plaignait, dont tout le monde convenait.

Nous célébrons en ce moment le centenaire de nos Etats de Provence, réunis en cette ville : mon but n'est pas d'entrer dans le détail de leurs travaux : ce soin vous est laissé à vous Messieurs les Congressistes : vous jugerez les Etats particuliers et les Etats-Généraux en toute impartialité, en toute justice : vous direz la vérité, si indignement, si hypocritement travestie, sur cette époque tourmentée : vous direz toute la vérité : ni vous, ni moi, ni les nôtres, n'avons rien à craindre et rien à perdre.

Les Etats de 1789 firent entendre les doléances très fondées de nos pères : vous avez une occasion de faire entendre les doléances non moins fondées de leurs descendants, et votre tâche ne sera pas courte : vous parlerez des promesses qui furent faites, et ne furent jamais tenues : vous direz pourquoi le plus épouvantable bouleversement qui se soit vu dans le monde, entrepris au nom du peuple, tourna contre le peuple : Il fut traité comme les nobles, comme les riches, comme les prêtres, comme les cléricaux.

Que votre programme aujourd'hui et toujours soit renfermé dans ces deux mots, qui disent tout : *Dieu et le peuple :* tout ce qui s'est fait de bien est sorti de ces deux mots réunis : tout ce qui s'est fait de mal en a été le mépris et la violation : Celui qui les prendra pour devise, et qui prouvera qu'il les a non seulement sur le bout des lèvres, mais dans le fond du cœur, celui-là sera le premier. Notre pays aime un langage court, ferme et honnête : il sera sauvé par celui qui l'aimera le plus.

Parmi nos représentants de Provence, se trouvait un homme d'un immense talent, d'une éloquence entraînante et terrible : il imprima une direction fâcheuse au mouvement de 89 : quand il comprit qu'il avait fait fausse route, et qu'il voulut s'arrêter, c'était trop tard : il mourut en disant : « J'emporte dans la « tombe le deuil de la monarchie, dont les débris vont devenir « la proie des factieux ». Il n'eut pas de peine à se faire prophète de malheur.

Les vœux des Etats, que j'indique sommairement, portaient sur les points suivants : — Equilibre à établir dans le budget des recettes et des dépenses — suppression des privilèges que possédaient le clergé et la noblesse, en retour des services religieux, militaires et civils qu'ils rendaient au pays dans l'entretien du culte, dans le soin des pauvres, des malades, des orphelins, de nos vingt mille hôpitaux et Providences ; dans les services des armées de terre et de mer, dans le traitement, le mobilier, les locaux fournis aux instituteurs et institutrices des petites écoles, répandues dans les plus humbles villages. Ces vœux demandaient encore la correction de graves abus, qui s'étaient glissés avec le temps dans les diverses administrations : ils voulaient surtout l'égalité de tous devant la loi, l'admissibilité de tous à tous les emplois : ils insistèrent pour la conservation de la religion catholique, comme la religion dominante de l'immense majorité des Français, et pour l'inviolabilité de la personne du roi : ces vœux devinrent des ordres, et le 27 juillet, M. de Clermont-Tonnerre les porta à l'assemblée, et termina en ces termes : « Voici, Messieurs, leur dit-il, voici les ordres donnés « par la France à ses mandataires : les cahiers, à l'unanimité « des voix, vous ordonnent de maintenir le gouvernement et les « formes monarchiques, qu'il est dans le cœur de tous les « Français de chérir et de respecter. »

Je dois dire à l'honneur de la vérité que le clergé fut le plus ardent à formuler et à demander les réformes, parce qu'il connaissait mieux les misères du peuple, et qu'il l'aimait d'avantage : à part quelques grands noms, le clergé, comme toujours, sortait des classes populaires — sans hésiter, il sacrifia ses privilèges dans l'intérêt général : une des gloires de la Provence à cette époque, l'Archevêque d'Aix, Monseigneur de Boisgelin, dont le nom est toujours noblement porté au milieu de nous, proposa, avec le consentement de ses collègues, de venir au secours de l'Etat, pour une somme de quatre cents millions : l'offre fut refusée, on aima mieux tout voler, tout gaspiller, et ruiner les œuvres de charité, qui, toutes au profit des pauvres, vivaient par ces généreuses fondations accumulées depuis des siècles : elles ont disparu dans le gouffre, en compagnie d'une banqueroute de quarante milliards, chiffre un peu supérieur aux dettes actuelles de la France.

Je l'avoue avec orgueil : ces réformes, nous clergé, évêques, prêtres, religieux, unis au reste de la nation, nous avons été les plus ardents à les voter et à les revendiquer dans les assemblées publiques, qui les ont oubliées ; nous ne sommes pas les ennemis de notre temps. Quoique nous ne soyons pas sur un lit de roses, j'aime mieux le Centenaire de 89 que 89 lui-même, nous sommes fiers autant que personne de nos merveilleux progrès matériels depuis un siècle — le clergé Français n'a jamais refusé de les encourager, et de les bénir, si nous voulions en faire le bilan, nous prouverions que les cléricaux n'ont pas mal tenu leur rang dans les inventions modernes.

Ici je suis obligé de faire un aveu qui coûte à mon patriotisme — nous avons été, mais nous ne sommes plus la première puissance militaire, ni la première puissance politique en Europe. L'Angleterre l'emporte sur nous par son industrie, et son immense commerce, — mais nous restons à la tête de tous les peuples dans les conquêtes pacifiques de l'Evangile, parce que le clergé français est un clergé apôtre, un clergé missionnaire : il fait dans ses nombreuses et périlleuses missions, œuvre catholique, civilisatrice et française : dans tout l'Orient, catholique et Français ou clérical, c'est la même chose : cette suprématie ne nous est contestée par personne : le sceptre de l'évangélisation et de la civilisation qui marche du même pas, est dans nos mains depuis des siècles : il ne nous échappera pas :, sans nous, vous le voyez, la France ne serait en ce moment la première nulle part.

La date de 89 et ses cahiers n'ont rien qui nous effraie, et sur ce terrain nous sommes avec le roi et sa famille, avec le clergé, la noblesse, le tiers Etat, la France tout entière.

Tous ces changements justement réclamés furent accordés aux applaudissements unanimes de l'assemblée : c'est donc la France monarchique qui supprima les privilèges de l'ancien régime, qui proclama l'égalité de tous devant la loi. et devant l'impôt, et qui, d'accord avec son roi, restaura les libertés publiques : c'est elle qui a fondé la société moderne : un orateur du gouvernement n'a pu le méconnaître dans une récente circonstance. — Voilà, Messieurs les Congressistes, la vérité historique, indéniable : à vous de faire plus ample lumière, à vous de démasquer les trompeurs, les séducteurs, les sophistes, qui ne respectent rien de ce qui leur déplaît : à vous de démontrer où se trouvèrent alors les véritables amis du peuple.

Restez dans ce programme : c'est le plan lumineux, qui doit éclairer toutes vos délibérations, toutes vos recherches, toutes vos études, toutes vos œuvres : *Dieu et le peuple*, c'est vous, c'est moi, c'est le pauvre, c'est le riche, c'est le ciel, c'est la terre, c'est l'Evangile.

Notre fougueux député prononça ces paroles pleines de tempêtes : Allez dire à votre maître que nous sommes ici par la volonté du peuple, et que nous n'en sortirons que par la force des baïonnettes.

Le plus modeste d'entre nous peut tenir un plus noble langage : Nous sommes ici par la volonté de Dieu, et nous n'en sortirons pas que nous n'ayons démontré aux plus aveugles et aux plus obstinés, que nous ne cherchons que la gloire de Dieu et le bien de nos frères.

Après ces préliminaires, plus longs que je ne l'aurais voulu, c'est à vous, Mes Chers Amis les Ouvriers, que je veux m'adresser directement : retenez bien cette vérité : les réunions, comme celles d'aujourd'hui, et celles qui se sont tenues dans toute la France, et qui auront leurs Etats-Généraux à Paris au mois de juin sont pour vous, pour vos intérêts : en plaidant notre cause, nous plaidons la vôtre : si nous avons besoin de vous, vous n'avez pas moins besoin de nous :

Je veux vous prouver, moi, et c'est bien ma mission, je veux vous prouver que nous sommes vos meilleurs amis :

En 1789, nous avons fait en votre faveur tous les sacrifices imaginables : depuis cette époque, nous avons travaillé plus que personne à rétablir les œuvres nombreuses démolies par la

Révolution, et qui étaient toutes sans exception à votre profit :
Nous sommes vos meilleurs amis, non seulement par sentiment,
par sympathie, par dispositions naturelles, mouvements toujours
variables, selon le temps, les circonstances, les personnes et les
intérêts, ces terribles diviseurs : nous sommes vos meilleurs
amis, par principe, par état, par vocation, par devoir, par ordre
divin ; nous sommes vos meilleurs amis, parce que nous sommes les fils de Dieu, et que nous acceptons sa loi, sans y retran-
cher un iota, parce que nous sommes les disciples de Jésus-
Christ, qui nous a prédestinés au même bonheur et nous a faits
ses propres frères, nous disant qu'on connaîtra que nous sommes ses disciples si nous nous aimons les uns et les autres ; nous
ne pouvons pas sortir de là : plus nous serons chrétiens, plus
nous serons cléricaux, et plus nous vous seront dévoués : Le
plus clérical parmi nous, s'intitule le serviteur des serviteurs de
Dieu : c'est son plus beau titre de gloire : Plus clérical et plus
grand que Lui, avait dit au premier des Papes : *Je suis venu non
pour être servi, mais pour servir,* et un jour, dans une scène sans
pareille, il se ceignit les reins d'un tablier blanc, se mit aux ge-
noux de ses apôtres, et leur rendit le service le plus vulgaire,
puis se relevant, et s'adressant à vous, Mesdames, à vous,
Messieurs, aussi bien qu'à nous tous : *Je vous ai donné l'exemple,
dit-il, vous ferez comme vous m'avez vu faire :* Vous entendez :
Vous *ferez* comme vous m'avez vu faire : c'est un ordre, *vous
ferez,* c'est le Maître qui commande : *vous ferez :* Il a comman-
dé, et nous avons obéi.

Pour nous renfermer à notre époque, j'affirme que personne
ne s'est montré plus empressé, plus généreux, plus dévoué et
plus intelligent à réparer les ruines révolutionnaires, que nous
catholiques, que nous cléricaux, nous sommes par vocation des
réparateurs et des reconstructeurs. Nous continuons la rédemp-
tion et des âmes et des corps : nous l'avons continuée surtout à
cette époque ; ces réparations furent à l'avantage de la classe

pauvre, laborieuse, ouvrière, à l'avantage des miens, à l'avantage des vôtres : Vous êtes bien obligé de convenir, Mes Chers
Amis, que les milliers d'œuvres de charité, existant au moment
de la Révolution, et qu'elle a toutes dévorées, étaient pour
vous : Les riches n'ont pas besoin d'hôpitaux, de providences,
d'orphelinats, d'écoles gratuites, d'asiles pour leurs vieillards,
leurs infirmes, leurs estropiés, leurs aveugles, leurs sourds-
muets : ils n'avaient pas plus besoin de ces établissements alors
qu'aujourd'hui : vous êtes bien forcés de convenir d'une vérité
évidente à crever les yeux — vous ne pouvez pas ne pas avouer
que toutes ces innombrables fondations charitables et cléricales,
avec les rentes qui les fesaient vivre, avec les serviteurs qui les
servaient, qui vous servaient dans la personne des vôtres,
étaient des œuvres populaires, des œuvres démocratiques et catholiques, dont vos ancêtres, les pauvres, les ouvriers, avaient
tout le bénéfice ; vous ne pouvez pas ne pas avouer qu'elles furent emportées dans la tourmente révolutionnaire, dévorées
sans aucun profit pour les malheureux à qui elles étaient volées,
à qui elles appartenaient : à peine en resta-t-il de rares débris,
protégés par quelque oubli providentiel.

Je ne méconnais pas le concours efficace du pouvoir civil, aux
jours meilleurs, pour la réparation de ces destructions innombrables : le mal était assez grand pour avoir besoin de tous les
remèdes : mais j'affirme que nous avons été, quand il a voulu,
ses plus dévoués, ses plus intelligents auxiliaires : là nous sommes sur notre terrain, nous avons le sens de la charité : il n'a
jamais demandé notre concours sans l'obtenir prompt et généreux : nous avons travaillé avec lui, quand il a voulu, nous
avons travaillé à côté, non en opposition, au bien général, mais
parallèlement. Nous avons travaillé pour vous, Mes Chers Amis,
les pauvres, les ouvriers. — Faut-il vous le démontrer ? Com-
mençons par les églises : elles sont sans doute pour tout le
monde, mais surtout pour vous, qui êtes la multitude, qui en

avez le plus besoin ; elles ont été bâties pour vous évangéliser : le Maître l'a dit : *Pauperes evangelizantur* : Or, la Révolution en avait détruit le plus grand nombre : elle avait pillé les vases sacrés, les livres, les ornements : les prêtres étaient morts sur l'échafaud ou dans les souffrances de l'exil. — Aux premières lueurs de paix et de liberté, nous avons entendu les prières de tout un peuple, surtout des villageois, des pauvres, redemandant leurs temples et leurs prêtres : les survivants de la tribu sacerdotale sont accourus de la terre étrangère, et, comme les glorieux mutilés du Concile de Nicée, ils auraient pu montrer les plaies qu'ils avaient reçues, les infirmités qu'ils avaient contractées pour la défense de leur foi.—Sans ressources, sans le sou, avec notre confiance en Dieu, centuplée par notre amour pour vous et vos âmes, nous nous sommes mis à l'œuvre, appelant à nous tous les dévouements, et nous avons rouvert vos églises, nous les avons ornées le moins mal possible. — Nous vous avons redonné des prêtres pour vous baptiser, pour vous instruire, pour vous préparer à votre première communion, pour vous marier, pour vous visiter dans vos maladies, pour vous ouvrir les portes du ciel et vous conduire à votre dernière demeure : Au bout de quelques années, il s'était fait des merveilles de restaurations : reconnaîtrez-vous qu'elles étaient pour vous, que vous en avez profité plus que personne ? Avons-nous obéi à notre Evangile : *Diliges* : vous les aimerez ! — La Révolution avait dévoré les rentes de presque tous nos hôpitaux, si nombreux que nous en avions dans nos plus petites villes. Malgré notre pauvreté, nous avons entrepris de les relever : Nous avons fait mieux que Jérémie, et nous ne nous sommes pas contentés de pleurer sur Jérusalem renversée : Nouveaux Zorobabel, nous avons pris la truelle et le marteau et nous avons ressuscité les ruines : Nous avons répondu au premier signe du Gouvernement, quand il a voulu réintégrer nos frères et nos sœurs dans les Hôtels-Dieu : le zèle et le dévouement ont

improvisé les sujets qui nous manquaient, parce que la hache révolutionnaire, ou les lois de proscription les avaient anéantis
presque tous.

Cette œuvre là est-elle une œuvre populaire ? En avez-vous
profité, vous, mes amis, les pauvres, les ouvriers, les travailleurs, les malades, les infirmes ; Avons-nous obéi à notre évangile : *Diliges* : vous les aimerez ?

Je vous l'ai dit : nos providences, nos orphelinats, nos innombrables asiles, ouverts à toutes les misères, avaient eu le même
sort : nous les avons rétablis, dotés de nouveau : actuellement,
malgré la persécution, nous comptons cent cinquante mille religieuses dans tous les services de la charité publique et particu-
lière : conviendrez-vous que ces cent cinquante mille vaillantes
filles, car elles sont toutes vaillantes, conviendrez-vous qu'elles
ne servent que vous, qu'elles n'existent que pour vous ? Inter-
rogez les légions de malheureux qui les entourent de leur respect
et qu'elles entourent de leur tendresse, pas un qui ne vous
réponde : mon père et ma mère m'ont abandonné, et ici j'ai
rencontré des mères : j'étais sans habit, sans demeure, dans la
faim, dans la soif, et on m'a donné un vêtement, une maison,
du pain, du vin, des remèdes et des cœurs pour m'aimer :
trouvez-vous que nous avons été fidèles à notre évangile :
Diliges : est-ce vous ou d'autres, qui êtes là dans ces établissements charitables ?

Nous avions des écoles gratuites dans les plus petits villages,
dans les plus humbles hameaux, dans les paroisses abruptes des
Alpes comme au fond de toutes les *Craux*, et de toutes les
Camargues. Nous avions fondé pour les entretenir dix millions
de rentes : elles étaient réellement gratuites, ne coûtant rien à
ceux qui en profitaient : la révolution s'empara de ces richesses
populaires, promit de rétablir ces écoles, et comme toujours et
comme partout, mentit à tous ses engagements.

Depuis le rétablissement de l'ordre en France, nous avons

créé ou fait revivre plus de cent cinquante ordres religieux, voués exclusivement à l'éducation des enfants du peuple : depuis dix ans, nous avons construit avec nos seules ressources plus de six mille écoles : nous en avons vingt mille : nous y recevons douze cent mille enfants, nous en aurions le triple si nous vivions sous le régime de la justice : eh bien, mes amis, cette armée d'instituteurs et d'institutrices, qui sortent de chez vous — ils appartiennent presque tous à la classe pauvre — qui sont pour vous — ce n'est que le petit nombre qui enseigne les enfants des riches — eh bien cette armée d'instituteurs et d'institutrices que nous avons créés, que nous élevons dans nos maisons, que nous entretenons au prix de mille sacrifices onéreux, que nous faisons breveter, qui vous appartiennent du matin au soir, dans la plus pénible des missions ; tout ce monde-là est il pour vous ? Pratique-t-il son évangile : *Diliges* — Vous les aimerez !

Un jour, deux disciples de St-Jean vinrent trouver Jésus-Christ et lui dire : *Etes vous celui qui doit venir ou devons-nous en attendre un autre ?* Notre Seigneur se contenta de leur répondre : *Allez et dites à Jean : les aveugles voient, les boiteux marchent, les sourds entendent, les lépreux sont guéris, les pauvres sont évangélisés* — sans doute, nous ne donnons pas la vue aux aveugles, l'ouïe aux sourds, la parole aux muets, la santé aux lépreux, les jambes aux boiteux : mais nous possédons le principal signe de la mission du maître : *nous évangélisons les pauvres.*

Nous sommes plus de quarante mille en France, chaque dimanche, et plusieurs fois par dimanche, nous montons en chaire et nous parlons à notre peuple : plusieurs fois par semaine, nous réunissons autour de nous vos enfants, quand vous voulez bien nous les donner : le catéchisme n'est obligatoire que devant votre conscience et devant Dieu — vous savez si nous recevons ce cher petit monde à bras ouverts, si nous le réclamons avec prière et amour ? Est-ce là évangéliser les pauvres ? Est-ce là leur prêcher la bonne nouvelle : Ils ne savent rien, ils n'ont rien ? Avez-vous entendu dire que nous leur avons appris à ne pas vous obéir, à ne pas vous aimer, à ne pas vous respecter, à ne pas aimer, à ne pas respecter, à ne pas servir leur pays ! Encore une fois, sommes-nous fidèles à évangéliser les pauvres ? Qu'est-ce donc que je fais en ce moment ? Mon langage n'est-il pas un langage de catéchisme, un langage de prône, de curé de campagne ou de paroisse ouvrière, un langage pour les petits, les humbles, pour les pauvres : Oui, mon divin maître, je porte le signe de ma mission et de la vôtre ! — J'évangélise les pauvres, et je pratique mon évangile : *Diliges* : Vous les aimerez — *Pauperes evangelizantur.*

Mais pourquoi diminuer l'éclat de nos œuvres : j'ai dit que nous n'avions pas le pouvoir de rendre la vue aux aveugles : je me suis trompé : un de nous le pieux abbé Hauy a fait ce miracle, qui se continue ; il a mis leurs yeux au bout de leurs doitgs, ils écrivent et ils lisent avec la même rapidité que nous : *Cœci vident.* les aveugles voient.

J'ai dit que nous ne rendions pas la parole aux muets : je me suis trompé : encore un de nous, l'immortel abbé de l'Epée, complété par un autre abbé, l'abbé Sicard, a mis leur langue au bout de leurs doigts, ils parlent avec la même volubilité que nous: il a mis leurs oreilles dans leurs yeux, ils nous comprennent aux mouvements de nos lèvres, *et surdi audiunt, et muti loquuntur* j'ai dit que nous ne rendions pas les jambes aux boiteux : au moins nous les réparons, nous les redressons : allez chez nos Petites Sœurs des Pauvres où nos 62 pensionnaires achèvent paisiblement de vieillir : le plus souvent ils nous arrivent en démolition : les soins, la paix, le dévouement, la tranquillité de la maison, les rendent méconnaissables au physique et au moral : si nous ne leur redonnons pas l'agilité des jeunes années, ils marchent mieux : *et claudi ambulant.*

Et les lépreux sont-ils guéris, c'est-à-dire les plaies hideuses

et repoussantes sont-elles soignées ? — Ecoutez : un beau matin
un lépreux se présenta dans un hôpital, et dans cet hôpital, il
y avait une reine qui avait quitté le palais de ses pères pour servir
les pauvres et les malades : ce fut elle qui reçut le lépreux ;
elle était portière. Mon petit frère, lui dit-elle, je t'aime par ce
que tu es mon frère en Jésus-Christ, que je te presse sur mon
cœur, toi qui n'as jamais été aimé, qui n'as jamais senti une
âme vivante battre sur ta poitrine, comme je voudrais te guérir,
comme je voudrais prendre tes plaies pour t'en délivrer ! *et
leprosi mundantur*, et les lépreux sont soignés.

Cette reine s'appelait Sainte Elisabeth de Hongrie : elle n'est
pas une exception : Mes Chers Amis, vous avez des sœurs, des
filles, des parentes, de connaissances dans nos hôpitaux, il n'y
en a pas une qui n'en ferait autant. *Et leprosi mundantur.* Et ce
miracle de dévouement se renouvelle tous les jours dans tous
nos établissements charitables, et en particulier dans l'œuvre
du Calvaire, par les dames du plus grand monde, mais qui
sont des cléricales du premier ordre : *Et leprosi mundantur.*

Après cette rapide exposition, il me semble que vous n'avez
pas le droit d'attendre une réponse que Jésus-Christ ne donna
pas aux disciples de Jean : elle était dans l'énumération de ses
miracles : non, vous n'avez pas le droit de dire : *An alium ex-
pectamus ?* Devons-nous en attendre d'autres ! Non, vous ne
pouvez rien attendre de mieux, puisqu'il n'y aura jamais rien
de mieux que l'Evangile.

Et cependant vous en avez attendu et vous en avez reçu
d'autres : et ces autres sont venus un jour qu'ils avaient besoin
de vos suffrages pour monter à quelque grande sinécure : ils
sont venus avec de belles paroles : ils vous ont promis monts
et merveilles, puis, le tour joué, de vos affaires ils n'ont eu
nul souci : ils ont poursuivi leurs intérêts, leurs plaisirs, ils
ont casé à droite et à gauche leurs fils, leurs filles, les amis et

compères : ils sont venus, et ceux-là même qui avaient capté vos voix, vous ont chassés de vos écoles, de vos hôpitaux, de vos orphelinats, de vos providences : car c'est bien vous, travailleurs, artisans, qui êtes chassés avec nos religieux et nos religieuses : ce sont vos fils et vos filles : ils sortent de vos rangs, ils sont fils et filles d'ouvriers, de villageois, de campagnards, de petites gens gagnant leur pain à la sueur du front : c'est donc bien vous qui êtes laïcisés dans leurs personnes, et dans la personne des pauvres, des malades, des infirmes, des orphelins, des enfants : tout ce peuple de délaissés, d'abandonnés, de souffrants, d'ignorants, est bien sorti de vos entrailles, et vous ne pouvez pas dire qu'il n'est pas le sang de votre sang, la chair de votre chair, et les os de vos os : c'est donc bien vous qui êtes frappés en eux et avec eux. Et on vous a dit que toutes ces expulsions, ces laïcisations, ces crochetages, ces crucifix arrachés au lit des malades, et du milieu du champ de la mort, on vous a dit que tout se faisait à votre profit et pour le plus grand bonheur et honneur du pays, et vous l'avez cru. — Et moi je suis ici à me demander si vous me croirez. — Tous ces coups sont tombés comme grêle sur vos épaules, et vous avez dit : Ce n'est pas moi qui suis frappé, c'est mon voisin. Est-ce l'histoire d'hier, d'aujourd'hui, de demain ? Avez-vous des yeux pour voir et des oreilles pour entendre ? La démonstration brillante comme le soleil et écrasante comme la foudre, est-elle complète ? est-elle péremptoire ?

Savez-vous, Mes Amis, ce qui m'étonne le plus : ce n'est pas la méchanceté et la perversité humaines : il y a des hommes si mauvais, si pervers, qu'ils ne se plaisent que dans le mal : ce qui m'étonne le plus, c'est la puissance de la crédulité humaine, pour ne pas me servir d'un autre mot.

Malheureusement ce n'est pas du nouveau : les exploiteurs et les séducteurs ont toujours infesté la terre : il y en avait du

temps de Saint Paul, dans l'Eglise naissante : il faisait aux Corinthiens le reproche d'être accessibles à toute séduction. — Comme moi, le grand Apôtre avait peur de blesser la susceptibilité de ses auditeurs, et pour faire excuser la liberté de son langage, il leur dit : « Vous qui êtes sages, souffrez-moi, souf-
« frez que je sois insensé pour un moment au milieu de vous :
« vous supportez bien celui qui vous réduit en servitude, celui
« qui vous dévore, celui qui vole votre bien, celui qui vous
« giffle en pleine figure. *Si quis in faciem cœdit.*» Comme Saint Paul je vous demande pardon de la liberté de ma parole : mais il m'importe de vous éclairer et non de vous flatter. — Vous supportez le premier menteur qui vient vous faire des promesses dont il ne croit pas le premier mot. Pourquoi ne supporteriez-vous pas celui qui vous dit la vérité, parce qu'il vous aime ?

On vous répète sur tous les tons que vous n'êtes libres que depuis 89 : Nous prouvons, nous, qu'il y avait alors autant de liberté qu'aujourd'hui, que les provinces, les corporations, les maîtrises, avaient leurs lois et leurs franchises. — Laissez-moi vous citer le témoignage d'un historien consciencieux et de grand mérite.

« Attestons, dit Augustin Thierry, attestons ce qui fut de
« temps immémorial enraciné à la terre de France, les fran-
« chises des villes et des provinces : tirons de la poussière des
« bibliothèques, les vieux titres de nos libertés locales ; pré-
« sentons ces titres aux yeux de nos compatriotes, qui ne les
« connaissent plus, et qu'une longue habitude de nullité endort
« dans l'attente des lois de Paris : ne craignons pas de mettre
« au jour les vieilles histoires de notre patrie : la liberté n'y
« est pas née d'hier : ne craignons pas de rougir en regardant
« nos pères : leurs temps furent difficiles mais ils ne furent
« pas des lâches. »

Ces paroles sont citées par M. de Ribbe, notre savant compatriote, dans son livre sur Pascalis, l'intrépide défenseur de nos franchises provençales. Comme elles sont vraies ! A les entendre, on croirait que les sectaires fanatiques de la grande date ont inventé la France, comme ils s'imaginent avoir supprimé Dieu, parce qu'ils n'en parlent jamais. Son nom n'a été prononcé par personne, ni au Centenaire des Etats-Généraux, le 5 mai, ni à l'ouverture de l'Exposition, au milieu des merveilles, qui sont son œuvre, et celle de ses ouvriers : l'empereur d'Allemagne et le président des Etats-Unis nous donnent d'autres exemples.

On vous a dit que ce bouleversement sans pareil s'est fait pour votre plus grand bien : nous vous dirons que la Révolution n'a été qu'une suite d'attentats contre les personnes, contre les propriétés, contre les consciences ; qu'avec le bien des émigrés, elle a dévoré les biens de toutes les sociétés locales, laïques, cléricales, de toutes les universités, académies, collèges, hospices, hôpitaux, providences, même les biens des communes, qu'au commencement de ce siècle, en 1800, le patrimoine des pauvres était réduit presque à rien ; que les huit cents établissements charitables, qui en 1789 recevaient cent dix mille indigents, pouvaient à peine en recevoir le quart, tandis que les demandes d'admission avaient triplé.—Nous vous disons toutes ces cruelles vérités, et vous ne nous croirez pas.

Nous vous dirons que non-seulement les petites écoles de village étaient gratuites, mais encore les établissements d'instruction secondaire, c'est-à-dire ce que nous appelons seminaires, lycées, collèges ; qu'ils avaient de riches dotations, et que sur 72,000 élèves qui les fréquentaient, on en comptait au moins 40,000 pour lesquels l'instruction était gratuite, ou demi-gratuite, et aujourd'hui la gratuité est loin d'atteindre cette proportion, malgré les 32 millions de subvention accordés aux lycées.

Tous ces grands établissements ont péri corps et biens dans l'antre révolutionnaire : les maîtres furent destitués, déportés, décapités ; les propriétés vendues, dévorées ; de toutes ces richesses, il ne resta pas un centime, puisque la banqueroute fut, par surcroît de ruines, de quarante milliards.

Nous vous le disons, et vous ne nous croirez pas.

Vous ne nierez pas que toutes ces œuvres étaient pour vous ; que c'était le patrimoine et la fortune de ceux qui n'en ont pas d'autres. Nous vous disons toutes ces vérités, et bien d'autres, nous vous le disons et vous ne nous croirez pas. — Mais si vous me croirez, vous me croirez quand je vous aurai indiqué la source où j'ai puisé mes enseignements et documents : je ne les ai pas pris dans une histoire cléricale, composée par quelque moine ou abbé ! je les ai pris chez un libre-penseur, admirateur de la Révolution, mais qui n'a pu nier la vérité historique, et encore moins la vérité des chiffres ; vous trouverez cet article dans la *Revue des Deux-Mondes*, numéro du 15 mars dernier, article signé par un écrivain de grand talent.

Est-ce que je n'ai pas le droit de répéter avec Saint Paul, *Si quis in servitutem redigit*, si quelqu'un vous réduit en servitude : vos pères furent emprisonnés, expulsés, exilés, moururent de faim, de froid, de mort violente.

C'est bien plus que la servitude.

Si quelqu'un s'empare de vos biens, *Si quis devorat*. Ils s'emparèrent des biens de vos pères, des richesses de la charité publique, qui était votre fortune, et vous les honorez, et vous leur élevez des statues !

Si quelqu'un vous frappe en pleine figure, vous le supportez ; ils frappèrent vos aïeux en pleine figure, en mille manières, et surtout dans la personne de leurs enfants, qu'ils leur arrachèrent par séduction, par violence, pour les élever sans Dieu, sans religion, en petits jacobins, en petits vauriens, à leur image, *Si quis vos in faciem cœdit*.

Comme Saint Paul, je sens le besoin de vous faire mes excuses, mais avec lui, j'ajoute: vous m'y avez contraint : *Vos me coegistis.*

Si je voulais, j'établirai le parallèle, et je vous montrerais que l'histoire révolutionnaire est toujours ancienne et toujours nouvelle. Ouvrez donc les yeux sur les évènements des dix dernières années.

Vous êtes le prétexte des laïcisations des hôpitaux. — Qu'avez-vous gagné, que gagnerez-vous à remplacer les sœurs de charité par des laïques? Je ne veux pas médire des nouvelles gardes-malades ; je leur accorde toutes les qualités que vous voudrez : mais quand on a des soucis domestiques, des besoins, des exigences de famille, on ne peut pas soigner les malades avec le même dévouement, la même abnégation, le même désintéressement ; on ne peut pas passer sa vie, nuit et jour, auprès de ces perpétuelles agonies : vous y perdez de toute façon ; le service est moins bien fait : la dépense est doublée : les admissions sont fatalement diminuées : les ressources ont une limite. C'est le témoignage des médecins les moins chrétiens, mais défenseurs nés et autorisés de leur innombrable et malheureuse clientèle.

Est-ce votre intérêt qu'on cherche dans les laïcisations d'écoles, pour les remplacer par d'autres que vous ne voudriez pas, que vous subissez, et qui vous coûtent deux fois plus ?

Est-ce votre intérêt qu'on cherche dans ces dépenses scandaleuses, qui ont mis sur la fortune de la France une dette de trente milliards, avec des impôts qui s'élèvent à 113 fr. par personne, c'est-à-dire au tiers du revenu annuel et proportionnel de chaque Français ; en d'autres termes quand nous gagnons trois francs, on nous demande un franc. C'est donc bien vrai : nous avons une incroyable disposition à nous laisser tromper : nous acceptons tous les charlatans qui nous promettent le pain sans travail, nous courtisant la veille des élections, et ne nous connaissant plus le lendemain.

Moi, Mes Amis, je ne veux point de vos suffrages : je ne veux être ni député, ni conseiller général, pas même conseiller municipal de la plus petite commune de France, je suis pour vous, je n'existe que pour vous : sans le bien que j'ai mission de vous faire, je ne serais pas là. Je vous dis la vérité : je défie celui qui goûte le moins mon langage, de me prêter d'autres motifs.

Nous vous aimons, nous, quand nous sommes de vrais catholiques, de vrais cléricaux ; nous vous aimons plus que personne : c'est notre devoir : si j'osais, je dirais que c'est dans nos fonctions : je suis à cent lieues de vouloir nier les heureuses dispositions naturelles de cœur, de volonté, d'esprit, de nos adversaires de tout culte, de toute opinion, de toute religion : je n'ai pas besoin de les diminuer pour nous rehausser : mais nous avons ce qu'ils n'ont pas, ce qu'ils ne veulent pas avoir : aux considérations humaines qui nous appartiennent à tous en commun, nous ajoutons les considérations divines : nous vous aimons quand même vous n'êtes ni aimables, ni reconnaissants, ni justes : nous vous aimons malgré vos défauts, vos calomnies, vos mépris, parce que Jésus-Christ n'a pas dit que ceux-là seuls sont vos frères, qui vous plaisent, mais il a dit, sans exception de bons, de mauvais : *Omnes vos fratres estis.* Les frères les moins aimables, restent toujours nos frères.

Et voilà pourquoi nous vous aimons plus que personne : voilà pourquoi nous vous servirons mieux que personne dans nos hôtels-Dieu, dans nos écoles, dans nos providences, auprès de vos malades, de vos enfants, de vos orphelins, et voilà pourquoi nous faisons des merveilles de charité, malgré les hostilités et les entraves. Voila l'explication de cette influence par l'amour et par le dévouement, qui nous attire tant d'inimitiés et de jalousies : la recherche d'un plus grand bien à vous procurer ne peut pas exister : je vous l'ai démontré invinciblement : c'est un prétexte aussi grossier que menteur.

Et vous qui nous imitez de loin, vous ferez autant que nous, et mieux que nous, quand vous vous servirez des mêmes moyens. Vous êtes des ouvriers aussi bien doués que nous, mais nous employons de meilleurs instruments. Voulez-vous que je justifie mes paroles par l'autorité d'un écrivain, d'un académicien très distingué, qui avoue *que l'esprit chrétien ne l'a pas encore touché*?

« Je n'étonnerai personne, dit-il, en affirmant que plus les « croyances sont ardentes et ferventes, plus la charité atteint « d'ineffables grandeurs : on ne se ménage pas dans ces lieux « de bénédiction : la parole est convaincue : les largesses sont « magnifiques : le don de soi-même est sans réserve : cepen- « dant au milieu des dévouements que j'ai eu la bonne fortune « d'étudier, et qui, plus que d'autres, ont ému le fond de mon « être, lorsque ma pensée se porte vers ces créatures pleines « d'abnégation, que j'ai vues à l'œuvre, c'est vous, Petites « Sœurs des Pauvres, c'est vous Dames du Calvaire, qu'invo- « que mon souvenir attendri. » (Maxime du Camp).

Oh! mes bons amis, Dieu a mis dans nos mains une grande puissance, en nous armant de la charité : quand nous faisons moins bien, n'accusez pas nos principes, mais ceux qui s'en servent maladroitement, et sont trop peu cléricaux : c'est la charité qui a sauvé le monde, c'est par elle que les maux dont nous souffrons seront guéris : faites des livres, faites des congrès, faites des lois, vous n'aurez rien fait, tant que vous n'aurez pas persuadé aux hommes qu'ils sont tous frères, tant que vous n'aurez pas fait entrer dans leurs esprits, dans leurs cœurs et dans leur conduite la loi universelle promulguée par le souverain législateur de toutes les nations, de tous les empires et de toutes les républiques : *Mon commandement, c'est que vous vous aimiez les uns les autres.*

Voilà le premier article, le seul essentiel des constitutions humaines.

Un jour Saint Jérôme disait aux dames romaines, aux descendantes des Scipion et des Marcellus : « Ne tirez pas vanité « de vos abaissements : Jésus-Christ fut plus humble que vous : « quand vous marcheriez nu-pieds, couvertes d'habits gros- « siers, semblables à des mendiantes : quand vous entreriez « dans les plus abjectes cabanes et dans les plus affreuses re- « traites de la misère, quand même vous seriez l'œil de l'aveu- « gle, le bâton du boiteux, la main de celui qui n'en a pas, « quand même vous lui rendriez les services les plus bas, « qu'est-ce que cela auprès des abaissements de Jésus-Christ ? « Où sont les chaînes ? où sont les soufflets ? où sont les cra- « chats, les épines de la couronne, les clous de la croix ? Où est « enfin le sang versé au retour de celui que le Sauveur a versé « si généreusement pour vous. »

Et notre Saint Vincent de Paul ne disait-il pas à ses prêtres : « Si vous devenez pauvres pour avoir exercé la charité, au point « de mandier votre pain et de coucher au coin d'une haie, tout « déchirés, tout transis de froid, et qu'en cet état on vous de- « mande : Pauvre prêtre de la mission qui t'a réduit en cette « extremité ? Quel bonheur de pouvoir répondre : c'est la cha- « rité ! »

Il faut parler au nom d'un Dieu pour tenir un pareil langage, et le faire accepter.

Mes chers Amis les Congressistes, vous êtes ici pour redresser la vérité : faites donc la lumière : dites donc la vérité : elle n'a pas de meilleure servante qu'elle-même : formulez vos vœux en toute liberté et loyauté : la pensée qui vous réunit est une pensée de dévouement à l'Eglise et à la France. Mais l'Eglise a des promesses d'immortalité que la France n'a pas reçues : aussi nos craintes sont autant patriotiques que catholiques. Ne l'accusez pas des méfaits commis en son nom dans ces temps d'aberration : la France, comme l'Eglise, est une mère : ce n'est pas elle, la grande France catholique, qui aurait fait des laïcisés et des expulsés, ce n'est pas elle qui briserait le crucifix et l'arracherait du lit des mourants : ce n'est pas elle qui fermerait l'entrée de la religion à nos hôtels-Dieu, à nos écoles, à nos asiles, à nos orphelinats, qui interdirait le signe de la Croix aux petits enfants, et proscrirait le catéchisme, ce livre de cent pages dont il faudrait écrire chaque syllabe en lettres d'or sur toutes les pierres de nos établissements scolaires : ce n'est pas elle qui distinguerait, entre costume et costume, et qui me mettrait hors de service, parce que je suis habillé de telle ou telle couleur, parce que je me suis engagé devant Dieu et devant ma conscience, à lui consacrer jusqu'au dernier souffle de ma vie : la France a besoin de tous les dévouements pour les misères, sans nombre et sans nom de son immense et bien-aimée famille.

Ne soyons ennemis de personne, sinon du mal : hommes de miséricorde, croyons fermement qu'il y a plus d'égarés que de pervers : faisons la lumière par les faits, par les preuves : qu'on ne puisse donner à vos travaux d'autres interprétations que l'amour de l'Eglise et l'amour de notre chère patrie, deux amours inséparables : quand on se tient sur ce terrain, on peut parler haut et ferme, et complétant la parole du poète, le dernier d'entre vous peut dire : Je *crains* Dieu, et j'aime Dieu, j'aime mon pays, et je sers mon pays : je n'ai point d'autre cainte et d'autre amour.

Que ces réunions soient une occasion de nous retremper dans la vie militante pour le bien. — Nous devons tous sortir meilleurs de cette antique métropole de Provence : à deux pas de nous sont les débris de la vieille chapelle du Sauveur, où Saint Maximin, notre premier Apôtre, a célébré pendant de nombreuses années les saints mystères, où Marthe et Madeleine, nos saintes provençales vinrent souvent recevoir le corps de l'hôte divin de Béthanie : nous sommes sur les dalles qui recouvrent les restes de vos Archevêques, où tant de générations se sont agenouillées, criant vers Dieu dans les innombrables tribulations qui les ont visitées : *Interroga majores tuos, et dicant tibi* : interrogeons nos ancêtres, ils nous répondront qu'ils ont lutté pour la loi de Dieu, pour la conservation de leur foi, pour la liberté de la justice et de la charité : nous sommes leurs fils , leurs exemples et leurs actions sont votre héritage : ils aimèrent l'Eglise : ils aimèrent leur patrie : l'une et l'autre furent le prix de leur sang : *generoso sanguine parta* : c'est votre devise aixoise et provençale. Aimons l'Eglise et notre patrie, aimons-les d'autant plus qu'elles sont plus éprouvées : Rappelons-nous que nous servons un maître qui ne fut jamais ingrat, et jamais à bout de récompenses.

Travaillons au bien sans nous déconcerter, le répandant, comme Saint Paul, à droite et à gauche, par la joie, par la peine, dans la reconnaissance, dans l'ingratitude.

De ces tombes, qui sont là sous nos pieds, j'entends sortir cette parole de nos saints livres : Bienheureux ceux qui meurent dans le Seigneur : leurs œuvres les suivent dans une vie meilleure. C'est un avertissement qui nous est donné à tous, mais à mois plus qu'à vous !

Il me semble que je suis à ce moment formidable où le solennel et funèbre *Dies iræ, Dies illa*, retentira sur ma froide dépouille : je me dis : *Quem patronum rogat urus, cùm vix justus sit securus* : Quel défenseur invoquerai-je, à une heure où le juste est à peine en sécurité?

Et bien au milieu de mes défaillances et de mes fautes, je sais quel défenseur j'invoquerai. — Seigneur, dirai-je, regardez la face de votre Christ, *respice in faciem Christi tui*, je l'ai trouvée sur la terre, la face de votre Christ, je l'ai trouvée dans celles des pauvres que j'ai aimés, dans celles de vos amis de prédilection, les petits enfants, que j'ai cherché à sauver des mains des Pharaons et des Hérodes. — J'ai voulu vous donner à boire, à manger, vous vêtir, vous loger, et vous instruire dans les ignorants, en leur apprenant à vous connaître et à vous aimer.

Voilà mes défenseurs : ils ont mon absolue confiance.

Ne croyez pas, Messieurs, que ce soit un mérite particulier que je me donne peur me présenter devant mon juge : c'est l'unique carte admise à la porte du ciel, c'est le texte formel de la sentence du dernier jour : vous connaissez l'Evangile.

Il faut que nous sortions meilleurs de nos réunions : je vous le répète, il faut que nous soyons plus dévoués, plus ardents au travail, plus endurants dans la peine, plus croyants, plus pratiquants.

Classe dirigeante, vous devez diriger par le dévouement, par l'exemple, par la charité : vous devez dominer, comme Dieu, comme Jésus-Christ, par l'amour : *amore dominaris.*